Traduit du danois par Aude Pasquier
Adaptation de mise en page intérieure : Céline Julien
Lettrage intérieur : Virginie Berthemet

Casterman
Rue Haute 139
1000 Bruxelles
Belgique

www.casterman.com

ISBN : 978-2-203-24448-1
N° d'édition : L.10EJDN002677.N001

Titre original : *Mira. #venner #forelsket #etårimitliv*
Ouvrage publié avec l'accord de Gyldendal Group Agency

Achevé d'imprimer en décembre 2022, en Espagne, par EDELVIVES, (Ctra Madrid km 315,7, 50012 Saragosse, Espagne).
Dépôt légal : janvier 2023 ; D.2023/0053/48
Déposé au ministère de la Justice, Paris (loi n°49.956 du 16 juillet 1949 sur les publications destinées à la jeunesse).

Retrouve Mira sur son compte Instagram : @mira_lemire

SABINE LEMIRE & RASMUS BREGNHØI

Mira

MES COPAINS, MES COPINES ET L'AMOUR

casterman

Moi

Je m'appelle Mira, je suis danoise et je vis à Copenhague. Je suis super curieuse ! Mon grand rêve, c'est de devenir influenceuse mode, livres, déco, bref, sur tout ce qu'il y a de créatif. J'habite avec ma mère. Plus tard, je voudrais être photographe.

Ma mère

Ma mère est la plus géniale de la terre, mais des fois, elle est quand même super pénible. Elle travaille dans la pub : elle fait des campagnes pour toutes sortes de clients. Par exemple, si une entreprise veut vendre plus de viande de porc, ma mère invente un slogan marrant sur les cochons. Je ne m'ennuie jamais avec elle, elle a une idée à la seconde.

Mon père

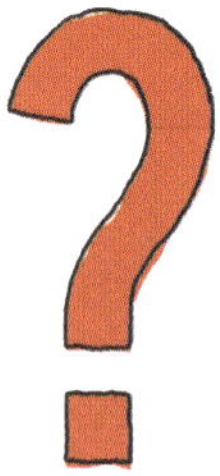

Je sais que mon père s'appelle Bjørn et qu'il est architecte. Il est toujours occupé : en tout cas, c'est ce que dit ma mère. C'est sûrement vrai, parce que je ne l'ai jamais vu. Je rêve de le rencontrer.

Mamie

Ma mamie est la personne la plus douée de ses mains que je connaisse. Elle m'a appris à tricoter et à coudre, et elle prend toujours le temps de discuter. C'est trop bizarre que mamie soit la maman de ma maman. Elles sont tellement différentes ! Mamie est calme, elle sait écouter et chez elle, ça sent bon le gâteau.

Naja

Naja et moi, on est meilleures copines depuis la fin de la maternelle. Elle s'intéresse beaucoup aux garçons et à l'amour. Moi, pas trop : du coup, je me sens parfois un peu gamine à côté d'elle.

Louis

Louis et moi, on est copains pour la vie. On a les mêmes centres d'intérêt et il sait construire plein d'objets. Je me demande si on pourrait sortir ensemble un jour, mais c'est dur à savoir quand on n'a encore jamais été amoureuse.

Betty

Une fille trop stylée qui vient d'arriver dans notre classe. Elle sait absolument tout sur la mode – et pas mal de trucs sur l'amour.

Les petits copains de ma mère (enfin, seulement ceux de cette année...):

Mikkel

Ma mère a connu Mikkel sur un site de rencontres, paysancherchecitadine.dk (puisqu'on habite au Danemark). Il est agriculteur bio, alors d'un coup, ma mère a commencé à trier les déchets et à s'intéresser à l'environnement.

Claus

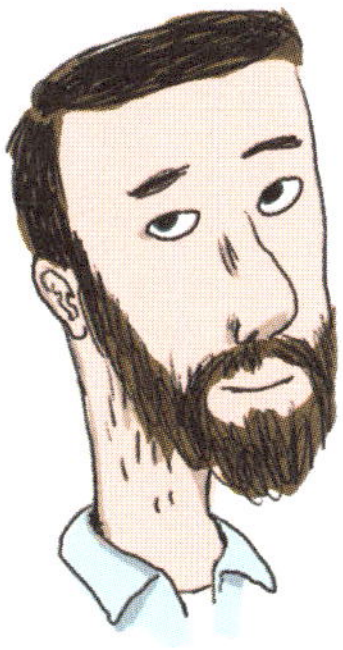

En début d'année, ma mère sortait avec Claus. Claus est policier, et ils se sont rencontrés un jour où ma mère parlait au téléphone alors qu'elle était à vélo. Il voulait lui donner une amende, mais en fin de compte, il lui a payé un café.

Paul

En fait, je n'ai jamais rencontré son copain français, mais voilà à quoi je crois qu'il ressemblait. Après leur histoire, ma mère a refusé de manger du fromage pendant des mois.

Joakim

Je le surnomme Ampoule Man. Il sait tout réparer. Il a aussi un petit chalet d'été où on est trop bien, et il est toujours partant pour faire des tas d'activités avec moi.

Cher journal,
Il est minuit ! Pour cette nouvelle année, plutôt que des résolutions, j'ai surtout beaucoup d'espoirs. Vu le vacarme, impossible de dormir, du coup je suis en train d'écrire la liste de ce qui (j'espère !) m'attend cette année. Ma mère a invité Claus et des copains à faire la fête. Elle danse comme si elle était mannequin, sauf qu'elle a du rouge à lèvres sur les dents. Sérieux, les adultes, c'est TROP LA HONTE.
Mira

Goodbye my lover, goodbye my friend...
En ce moment, le copain de ma mère s'appelle Claus. Il est policier. Cet automne, elle sortait avec un certain Mikkel. Il avait une ferme bio. En octobre, on a mangé des betteraves et des navets tous les jours. Bref, on rigole plus avec Claus qu'avec Mikkel. Maintenant, les bonbons sont autorisés tous les week-ends !
Journal intime

You have been the one, you have been the one for me…
JOURNAL INTIME
Oh, ma chérie, t'es toute seule? Tu ne viens pas faire la fête avec nous?
Non, je suis occupée.
Oooh, mon chou, tu es déjà si grande et indépendante! Mais tu resteras quand même toujours mon petit bébé.

Parfois, ma mère m'énerve, mais elle est sympa quand même.
Now you're lost, lost in the heat of it all

Girl, you know you're lost Lost in the thrill of it all...
VŒU N° 1 : Une chambre plus cool, comme celle de Naja,
avec des posters de boys band aux murs, une enceinte et un grand miroir. Elle pourrait peut-être m'aider à refaire la déco de ma chambre ?
JOURNAL INTIME

I've been thinking 'bout you
you know, know, know
I've been thinking 'bout you
Dou you think about me still?
Do ya, do ya?
Or do you think so far ahead
Chambre moins bébé

When will I will I be famous
VŒU N° 2 : Convaincre ma mère de me laisser avoir un profil Insta. Ça serait le meilleur moyen de commencer ma vie d'influenceuse. Je parlerai mode, lecture, déco, DIY, et j'aurai des milliers de followers.
VŒU N° 3 : Tomber amoureuse. Naja et les autres ont tout le temps un crush. J'ai essayé de tomber amoureuse plusieurs fois, mais ça n'a jamais marché. Et si je pensais tout le temps à un garçon, par ex. mon copain Louis ? Je deviendrais peut-être dingue de lui ? Si ça se trouve, 1/2 h par jour, ça suffirait. Ça peut pas être si compliqué que ça.

GIN
Salut Naja. Bonne année! Tu passes chez moi?

C'était bien, ta soirée, hier ?
Bof. J'aurais préféré venir ici. Et toi ?
Je me suis un peu ennuyée, mais ma mère s'est éclatée. À minuit, on s'est tous souhaité la bonne année. À part Claus. Il était tellement bourré qu'il est tombé de sa chaise à 11 h !
Ta mère, elle sait faire la fête.
Mes parents dansent jamais.
Franchement, te plains pas.
T'aurais envie de voir ta mère danser comme ça ?

Ha ha ha! Elle t'a aussi appelée «mon trésor» et elle t'a dit «je t'aaaaaaaime»?
Ha ha! Oui! Hi hi!
J'ai trop hâte de retourner à l'école pour voir Benjamin. Ça fait 16 jours que je l'ai pas vu. Si seulement il faisait attention à moi!
Mmh. Et si on te faisait une tresse super stylée? Il pourrait plus te louper!
LES TRESSES sans stress
Classique?
À l'ancienne?
Elfique?
Saut du lit?
Sage?
À la française?
Africaine?
T'es ma...
BFF!
Campagnarde?

PREMIER JOUR D'ÉCOLE APRÈS LE NOUVEL AN

Ben oui, j'ai le même, mais en bleu !
Ouais, sauf que la couleur du moment, c'est le jaune.
Ah, O.K.
Tu crois que je verrais Benjamin plus souvent si j'étais copine avec elle ?
Euh… Tu le vois déjà tous les jours ici.
Ouais, mais jusqu'à maintenant, il m'a pas captée, si ?! Elle pourrait peut-être m'aider à faire connaissance avec le mec de mes rêves !
Salut !

Salut les filles! Mon cousin va me montrer le club des élèves. Ça vous dit?
Carrément! On devait y aller aussi.
???
On avait dit qu'on attendait Louis, non?
Moi, j'y vais maintenant. On se retrouve là-bas, alors.
Allez, VIENS! C'est la chance de ma vie!
Bon, O.K...

Au club des élèves...
Ah, Mira, t'es là? On devait pas se retrouver à la sortie pour faire la route ensemble?
Je pouvais quand même pas t'attendre tout l'après-midi, si?
???
Bon, le club, c'est pas pour moi. Y a pas un endroit où on peut traîner tranquille?
Ben si! On peut aller au parc.
Mira?
Naja avait super envie de venir et, euh... ben, je l'ai suivie.
Mais on pourrait continuer à construire notre château, non?
Ouais!

RÉUNION PARENTS-PROFS

Dans la classe, nous travaillons beaucoup sur les relations entre les élèves. Tout le monde doit pouvoir trouver sa place.
Que fait-on pour les anniversaires? On invite toute la classe? Ou juste les filles ou les garçons?
Pour les ateliers, il faudrait des groupes fixes. On pourrait les organiser en fonction des amitiés entre les parents, non?
Pourquoi utilisez-vous les manuels Lis & joue? La méthode Les Enfants sensibles savent lire est meilleure.
Laura refuse le travail en groupe si elle ne peut pas être avec Johan.
Mon fils est allergique au gluten et ne supporte pas les enfants qui ont des goûters avec du gluten.
On ne doit pas obliger Sigurd à jouer avec quelqu'un avec qui il n'a pas envie de jouer.
Ma fille Viola dit que Marie est très bruyante. Si elle est incapable d'être calme, elle devra changer d'école!
Mira fête son anniversaire samedi. Elle a très hâte.

C'était bien, cette réunion. On a abordé plein de sujets. Elle est sympa, cette Mme Jensen.
T'as rien dit qui me mette la honte, hein?
Mais non, qu'est-ce que j'aurais pu dire?
Mira a eu 3 fois des poux ces derniers temps. Pourrait-on tous faire un effort pour que... bla bla bla
Je trouve que nos enfants ne jouent pas assez. Ils passent trop de temps sur les écrans. On pourrait instaurer le vendredi comme journée des peluches!
Je suis volontaire pour animer la fête de fin d'année! Et si on formait une fanfare avec d'autres parents?
I U
LIFE IS

PENDANT LA RÉCRÉ

LE ROBOT

J'espère qu'on va terminer notre robot.
Oui. J'ai apporté tout ce qu'il faut, je pense.
SABINE10
Ça serait trop bien de le commander à distance.
Mais tellement ! Je pourrai le garder après ?
Bah, non. C'est déjà toi qui as eu le château.
Vous faites quoi ?
Un robot.
Oh, rien... Euh... Un robot pour Louis.

Super chelou.
Si c'est MON robot, alors il vient chez moi.
Vas-y, prends-le.
C'est dingue à quel point je suis gamine! J'oublie tout le temps de penser à tomber amoureuse. Les autres filles doivent me trouver chiante, c'est clair. Qu'est-ce que je vais faire?

TABAC
ÉPICERIE
OUVERT
LOTO
PRESSE
Arf! Pas d'amour pour moi.
Je finirai seule au monde.
RÉVÉLATIONS
JEUNE FILLE
INCAPABLE
E TOMBER
AMOUREUSE
GRAND REPORTAGE
LOVE

VINTA

Coucou ma chérie! Joyeux anniversaire! Joyeux anniversaaaaaaire...
SMACK SMACK
Un appareil photo! Génial! Ma carrière commence!
J'ai hâte de voir tes photos. J'ai aussi réfléchi à Instagram, et je pense que tu es assez grande pour avoir un profil maintenant.
CANON
Merci maman!

Joyeux anniversaire, Mira! Trop bien que tu fasses une fête. Je viens.
Moi aussi.
Ça va être cool. Qu'est-ce qu'on va faire?
Regarder un film et manger du gâteau.
La mère de Mira cuisine trop bien.
Il y aura des garçons?
Non, c'est pas prévu.
O.K, on sera entre meufs, alors!
mira_lemire
mira_lemire
#1erinsta #anniv #lesoleilbrille

* Au Danemark, on aime mettre des drapeaux partout pour Noël et les anniversaires.

Teen
BOYS

Oh là là ! Quelle transformation ! C'est super, ici. Viens dans mes bras, ma grande.

LA FÊTE

Tu nous montres tes placards, Mira ? On pourrait te créer des tenues et te trouver un nouveau look.
Euh...
Mauvaise idée.

C'est à toi, ça?
Euh...
Ouah, trop belle! J'ai toujours voulu en avoir une.
Et regardez ça.
Bon, moi, je me casse. Jouer à la poupée, c'est pas spécialement ma passion.
C'était une blague, le coup des poupées. On pourrait regarder *Dance Forever* maintenant?

Mouais... Moi, je viens de commencer la série *Zombie Love*. Ça fait super peur. On regarde?
Ça a l'air cool...
ARGHL!!
Bon, je crois qu'on va quand même mettre *Dance Forever*.
Allez, les bébés, je vous laisse regarder votre série débile. Moi, je rentre. On part ensemble, Naja?
Euh... La fête dure jusqu'à ce soir, normalement.

Tant pis. Je croyais qu'on allait discuter de notre club.
Ah oui, c'est vrai. Du coup, je vais devoir y aller aussi...
Tu t'en vas ? Mais on n'a même pas mangé la pizza !

Cher journal,
Je viens de passer le pire anniversaire de ma vie. Betty est capable de tout gâcher en moins d'une seconde. Elle trouve que tout ce que je fais est gamin. Le pire, c'est que Naja ne se rend compte de rien. Elle est complètement fan de Betty. C'est comme si je n'existais plus pour elle. Visiblement, tout ce qu'on partageait avant est devenu nul.
Snif! Ma vie est pire que l'enfer!

Betty et moi, on a fondé un club. Le love club. On se retrouve pour parler de mecs et tout.
T'es partie de ma fête à cause de ça?! Comment t'as pu me faire un truc pareil?
Bah... tu peux pas comprendre. J'ai l'impression qu'on ne s'intéresse plus aux mêmes choses. C'est un stade à passer.
Tu pourras peut-être venir avec nous un jour, quand tu seras plus mature. Je veux dire... t'as jamais été amoureuse, si?
Ben, non.
Pff... Pourquoi j'oublie tout le temps d'essayer?

Plus tard, à la maison...
Maman... c'est quoi l'amour? Comment on sait si on est amoureuse?
Quand ton amoureux est dans les parages, tu le sais, tu le sens dans tout ton corps. Tu as envie de tout savoir sur lui, et le temps passe lentement quand il n'est pas là.
J'ai jamais ressenti ça. Tu crois que je tomberai amoureuse un jour?
C'est sûr! On est chanceux en amour dans la famille.
Ouais, je vois ça.
Puisqu'on parle d'amour... Ça n'a pas marché entre Claus et moi. On était trop différents. J'espère que tu ne seras pas triste. Tu pourras aller le voir quand tu voudras.
Ça va, maman. Je peux pas garder contact avec tous tes ex. Même toi, tu le fais pas!
Si seulement mes parents étaient encore ensemble! J'ai pas le courage d'avoir 3 000 beaux-pères.

Pourquoi tu restes ici, mon chou? Tu n'as rien de prévu aujourd'hui?
Je sais pas. Louis est pas chez lui.
Et Naja?
Depuis que Betty est dans notre classe, c'est plus pareil. Naja a beaucoup changé.
Ah, elle est malade?
TAP TAP TAP
Mais non, maman! Écoute un peu! Elle préfère être avec Betty qu'avec moi.
Faites quelque chose toutes les trois alors! Sinon, que penses-tu de mes slogans? « Tout est bon dans le cochon... surtout au barbecue! »? « N'aie pas peur, grille ton porc! »?

SOLDES SOLDES SOLDES SOLDES
SOLDE
Salut mamie ! C'est Mira.
Elle écoute rien.
Tu sais, ce n'est pas simple d'être une maman solo.
C'est pas simple non plus d'être une fille solo ! Ma meilleure copine est devenue trop stylée. Pour elle, je suis une gamine, alors je me retrouve seule.
Ma petite chérie… Tu n'es pas toute seule, voyons. Parfois, en amitié, il faut s'éloigner un peu. Et Louis ? Vous vous entendez bien tous les deux.
Mais c'est différent. Naja est partie au milieu de mon anniv parce que Betty s'ennuyait. Une amie ne fait pas ça !

Non, une vraie amie ne fait pas ça, mais tout le monde commet des erreurs. Si ça se trouve, elle s'est rendu compte qu'elle avait mal agi.
J'en sais rien. C'est juste horrible. Elle s'en fiche de moi. Je ne serai plus jamais heureuse.
CHEVAL dans LE jardin

L'AMOUREUX FRANÇAIS

Celle-là?
Trop courte.
Ça plaît, d'habitude, cette longueur. Mais O.K.
Et comme ça?
Très bien, mais c'est toi qui dis que c'est la beauté intérieure qui compte.
mira_lemire
mira_lemire
Photo de ma mère #jolie #nouvellerobe #43ans #ellesaittoujourspascommentshabiller
DriiiiinG
C'est Louis!

Ça va aller? Il y a de la pizza au congélo, du Coca au frigo et des bonbons dans le placard. Je ne rentre pas trop tard, mais ne vous couchez pas à minuit.
ArtyFartyArt
Elle est de super humeur, non?
Oui, c'est depuis qu'elle a rencontré Paul. Maintenant, faut que j'apprenne le français... pfff!
Vous déménagez?!
SOLO MIO
SURGELÉE
PIZZA
Non, t'inquiète. Ça va sûrement pas durer. Elle se fatiguera de lui.
J'espère que ça ne t'arrivera pas avec moi...
mira_lemire
#pizza #seulsàlamaison #meilleurspotes
#deboutsupertard
mira_lemire

Le lendemain matin…

Maman, c'est pas une pub à toi, ça ?
PROMO
Viens, je ne veux pas penser au boulot.
Oh là là ! Ha ! Ha ! Ha !
Bah on prend pas de fromage ?
Tentations françaises
un petit goût de France !
LE PLAISIR À L'ÉTAT PUR !
Vins et Fromages Français...
MIAM !
COMTÉ

C'est toi et moi, maman.
Oui, toi et moi, Mira.
PROFIL OPTIQUE
SPICY KITCHEN
Supermarché
KEBABKING

DERNIER JOUR D'ÉCOLE

Il est hors de question que tu sortes d'ici dans cette tenue. On dirait que tu vas à la plage.
Tu peux parler !
Toutes les filles mettent des shorts et des crop tops !
SOLDES SOLDES SOLDES

Qu'allez-vous faire de votre été?
Bonnes vacances!
Je vais chez ma mamie.
On va à la mer.
Je vais faire du trampoline tout l'été.
Je pars en colo!
Betty m'invite dans son chalet. Ça va être top!
Bonnes vacances...

Teen BOYS
Feel GOOD
OMG!
BFF
FUN
Z Z Z
bettythequeen
bettythequeen
#lavieàlaplage #vacances #bff
#onsegoinfredeglaces
CLIC!

8 juillet

Cher journal,

Voilà, c'est enfin les grandes vacances, et je ne suis même pas contente. Naja fait des tas de trucs géniaux avec Betty. Je vois sur Insta qu'elles passent tout leur temps ensemble, mais j'ai plus la force de regarder leurs photos.
Moi aussi, j'ai envie de me marrer et de faire des trucs entre copines. Louis n'est pas là non plus. Il part d'abord avec son père, et après avec sa mère, donc on va pas se revoir avant un bon bout de temps. Je me suis demandé si on pourrait sortir ensemble un jour. Je ne sais pas trop si je pourrais tomber amoureuse de lui, ni si lui pourrait m'aimer de cette manière. Ma mère n'a pas de problème pour tomber amoureuse, elle. Elle a déjà trouvé un nouveau copain.
Je t'écrirai un peu plus demain. Là, je vais à Ikea avec maman acheter des trucs pour la maison et ma nouvelle chambre.

Mira

P.-S. : Naja ne m'a pas écrit un seul SMS depuis le début des grandes vacances. 😟

Ta chambre aussi va avoir droit à un relooking. Je crois que ça fera joli, ces coussins, sur ton couvre-lit.
Hiii, j'ai trop hâte !
Tu sais, ce Joakim dont je t'ai parlé… Il avait envie de venir nous aider à accrocher les lampes et les étagères. Il est bricoleur. Ça pourrait être sympa, non ?
Euh… Oui, mais je croyais qu'on se faisait une journée juste toutes les deux !
Oui, oui, mais il avait tellement envie de te rencontrer. On pourra se prévoir une journée à nous une autre fois.
O.K.
Super, on fait comme ça alors.

Je la mets là ?
Oui.
C'est réparé !
C'est réparé !
C'est réparé !
?
?
?

Elle va être top, ta chambre. Tu veux que je t'aide avec l'étagère ?

Instamoment !

mira_lemire
mira_lemire
#manouvellechambre
#tropcontente

Cher journal,
Maman et moi, on est parties en vacances au chalet de Joakim. Ce mec est trop sympa. Il a vraiment envie de me connaître, et il a réparé tout ce qui ne marchait pas chez nous. Ça en faisait, des trucs ! Il trouvait ça bizarre de devoir utiliser une lampe de poche pour aller aux toilettes.
Après l'avoir vu remettre 10 lampes en état, je l'ai appelé Ampoule Man. Et ici on a fait plein de trucs trop bien. Voici la top list :

1. La visite d'une ferme où ils avaient des lapins super mignons.
2. Les grosses glaces de la plage !
GLACE
GLACE
3. J'ai cueilli 2 kg de fraises.
4. Avec maman, on a appris à Ampoule Man à faire du roller.
5. J'ai gagné au Monopoly.
6. Louis me manque à fond.
Ça pourrait bien être de l'amour.

ET SI ON SORTAIT ENSEMBLE ?

J'envoie ça ? Faudrait pas qu'on soit trop gênés quand on se reverra. Bon. Je ferme les yeux et j'envoie.
CLIC
5 min plus tard
Pourquoi il répond pas ? Je vois bien qu'il a lu. Il est pas censé réfléchir aussi longtemps. Je vais poster une photo cool de moi.
CLIC
mira_lemire
mira_lemire
#hello #handsome
Il a répondu ! J'ose pas ouvrir. Oh non, s'il veut pas, je vais mourir de honte.
Chère Mira,
Oui, on peut.
Gros bisous, L

Youpi! Maman, j'ai un copain!
Super. Qui est l'heureux élu?
Louis, bien sûr!!
Ah bon? Je croyais que vous étiez juste amis.
Oui, mais je me suis mise à ressentir des trucs. Cette chaleur dans le ventre, là.
MANGA Love
Salut N. J'espère que tu passes de bonnes vacances. Louis et moi, on sort ensemble. ♥♥♥ Bisous, M
MANGA Love
Salut M, Le scoop! En plus, il est mignon. Bisous, N

1ERE JOURNÉE EN COUPLE

Jouer ? Euh, O.K. Vas-y, entre.
Merci.
Est-ce que je devrais l'embrasser ? Mais comment on fait ?
Si on sort ensemble, faut faire des trucs de grands. On peut pas juste jouer.
Tu veux voir ma nouvelle robe ?
Oui.
Elle est belle.

mira_lemire
mira_lemire
#louis&mira
#journéeenamoureux
On descend dans la cour?
Oui.
Ouf!
Attention, on chavire!
Au secouuuuurs! Y a plein de requins, je vais tomber à l'eau!

Je te tiens!
J'ai failli finir en pâtée pour requins!
Mais non! Je les aurais tués à main nue pour te sauver, voyons!
Bon, mais va falloir mûrir un peu. On n'est plus des gamins!
Euh... Ouais. On va faire quoi alors?
Et si on allait au parc acheter une glace?
O.K. On fait la course!
Peut-être qu'un premier baiser, ça fait des frissons dans le ventre, un peu comme un fou rire?

Mamie, tu te souviens de ton premier copain?
Oh là là, c'était il y a mille ans. Mais oui, je me souviens d'Erik.
C'est juste que j'arrive pas trop à savoir ce qu'on est censé faire quand on sort avec quelqu'un. Louis et moi, on a déjà fait des milliards de choses. Mais maintenant qu'on est ensemble, on sait plus quoi faire.
Faites comme d'habitude, tout simplement. Non?
Mais on fait que jouer ou construire des objets. Les amoureux, ils font pas ça.
Vous n'êtes pas obligés de sortir ensemble. C'est bien aussi d'être amis. Un ami, c'est quelqu'un qui est là quand tu as vraiment besoin de lui. Et ça, ça vaut de l'or, crois-moi!

Pourquoi mes parents n'ont pas réussi à rester amis, alors?
Ils se connaissaient depuis trop peu de temps...
C'est pas une raison. Avec Louis, on restera amis quoi qu'il arrive.
Très juste, ma chérie. Mais parfois, les choses sont plus compliquées que ce à quoi on s'attendait. L'amour, ça ne se commande pas.
Mon père me manque. Enfin, je sais pas s'il me manque, vu que je le connais pas. Mais j'aimerais trop le voir un jour.
Je comprends. Je suis certaine que vos chemins finiront par se croiser.

Je pense souvent à lui. À comment il est. J'imagine tout ce qui me plaît, et je le mets dans un papa.
J'en parlerai à ta mère. Nous verrons ce qu'elle en dit...
Je crois que j'ai fait un trou. On pourrait mettre un bouton?
C'est toi l'artiste.
Tu peux voir ta vie comme ça aussi: c'est toi l'artiste. C'est toi qui décides ce que tu fais et où tu vas. Je suis sûre que tu arriveras là où tu le souhaites.
mira_lemire
mira_lemire
#mamie #laplusintelligentedumonde
#cellequiesttoujourslàpourmoi

JUSTE COPAINS

MANGA Love
OH!
NON!
DRIIIING!
Oui ?
Salut, c'est Mira. Tu fais quoi ?
Je joue à Monster Go.
Cool.
Ça va ?
Écoute, j'ai réfléchi. C'est bizarre qu'on sorte ensemble. Je veux dire, je t'adore, mais surtout quand t'es pas mon petit copain.
Restons amis. J'aime bien passer du temps avec toi et faire des trucs marrants. Et pour ça, pas besoin qu'on sorte ensemble.
Pfiou !
On va jouer ?
Ouais ! J'arrive tout de suite !

À LA MAISON

Tu as l'air un peu triste. Y a un truc qui va pas?
Ma vie me rend perplexe. Entre l'amitié, l'amour et tout...
Oui, il s'en passe des choses, à ton âge.
Au tien aussi, j'ai l'impression.
Tu as raison, Mira.
Louis et moi, on n'est plus ensemble. On est juste amis comme avant.
« Juste » amis?! Les amis, c'est comme une gaufre à la glace. Les deux sont géniales séparément, mais ensemble, c'est encore mieux!
Pourquoi t'es pas juste amie avec papa? Comme ça, je pourrais le voir.
Ce n'est pas si simple pour les adultes.

Pas simple non plus d'être une pré-ado. Je veux connaître mon père !
Ma petite Mira... Chaque chose en son temps.
J'ai rencontré tous tes ex ! Là, on parle quand même de mon père !
Je sais, mon trésor. Mais il ne te manque rien, si ?
Maman, j'adore vivre avec toi. J'ai juste envie de le rencontrer ! Tu crois qu'il pense à moi ?
Bien sûr. Je vais essayer d'arranger ça.

LE LOVE CLUB

On se demandait si tu voulais entrer dans notre love club ?
Carrément, mais Louis et moi, on n'est plus ensemble. On est juste amis, finalement.
Ça fait rien. Tu t'intéresses aux garçons et à l'amour. C'est ce qui compte.
On se voit chez moi vendredi après l'école.
O.K !
Chez Betty
Vous avez vu le nouveau ? Il est mimi.
Je crois que Laura est amoureuse de Johan.
Johan ? J'y crois pas. C'est pas le genre de Laura.
Moi, je le trouve super beau.
COOKIES

Au retour…
On se voit demain?
HEIN?
LAVO
Oui, on faisait plein de trucs rigolos, avant.
Je croyais que tu voulais juste voir Betty et Benjamin?
Ils ont créé un nouveau club pour ceux qui ont déjà embrassé.
Beurk!
Ouais, c'est dégueu. D'ailleurs, désolée d'avoir été si débile. Je sais bien que c'était ignoble de partir de ta fête.
Ça m'a VRAIMENT fait de la peine. J'avais envie de mourir.
DISQUAIRE
CAFÉ
J'ai pensé qu'à moi. Je suis vraiment désolée. Tu voudrais bien…
Oui?
Redevenir ma copine, Mira? Je ne peux pas me passer de toi!
Évidemment. Mais ne me refais jamais ça, parce que moi non plus je ne peux pas me passer de toi!

Le lendemain…

Je peux venir chez toi ?

Bien sûr.

On fait des gâteaux ? J'ai trop envie de sucré.

Les muffins des meilleures copines

Ingrédients : 175 g de beurre, 150 g de sucre, 3 œufs, 75 g de noix de coco, 200 g de farine, 2 cuillères à café de poudre à lever, 1 cuillère à soupe de sucre vanillé, et 100 g de chocolat.
Ingrédients pour décorer les muffins : sucre glace, eau, colorant alimentaire, vermicelles.

Faites fondre le beurre avec tendresse. Fouettez amicalement le beurre et le sucre. Incorporez-y les œufs respectueusement, un par un. Dans un autre saladier, mélangez la confiance, l'humour, la noix de coco, la farine, la poudre à lever, le sucre vanillé et le pardon. Versez ce mélange dans le reste de la préparation en ajoutant une pincée d'affection. Émiettez le chocolat et versez les copeaux dans la pâte pour qu'elle soit bien appétissante et sucrée.
Versez la pâte obtenue dans les moules. Faites cuire 15 minutes à 200 degrés. Sortez du four et laissez refroidir sur la grille.
Mélangez le sucre glace avec un peu d'eau et de colorant pour former le glaçage. Appliquez-le sur les muffins, ainsi que les vermicelles.
À déguster avec votre meilleure amie !

Cher journal,

J'ai été trop occupée ces derniers mois pour t'écrire. Naja et moi, on est redevenues copines. Je suis tellement contente ! Ça me donne des ailes. J'avais tellement peur de l'avoir perdue.
Après l'école, on va au cours de couture. J'ai fait une jupe, et Naja une blouse. Vendredi, on a organisé un défilé de mode pour que tout le monde montre ses créations.
Finalement, Louis et moi, on n'est plus ensemble. C'est mieux comme ça, ça nous permet de continuer à faire ce qu'on fait d'habitude.
Il a toujours été mon ami, alors pourquoi ça devrait changer juste parce qu'on a grandi ?

Mira

NOËL

Ma mère vient me chercher. On va acheter un sapin.
À demain, alors !
Salut !
ÉCOLE PRIMAIRE
Devant le vendeur
Je veux choisir.
O.K, c'est toi qui décides.
J'en veux un immense !
C'est trop cher, mon chou. Ça t'irait, un comme ça ?
Maman, y aura jamais la place pour toutes mes décorations.
Mmh... Oui. En effet.
ISABEL MARANT

Parfait !
mira_lemire
mira_lemire sapin acheté ! #noël #vacances

Le 24
Toc, toc !
Pas le droit d'entrer. Je fabrique les cadeaux de Noël.
Je me demandais juste si tu voulais boire un petit thé près du sapin ?
Deux secondes.
Qu'est-ce qu'il voudrait comme cadeau, mon père ? Si je le connaissais, je pourrais lui fabriquer un truc. Il aimerait le robot que j'ai fait avec Louis, par exemple ?
POUR MAMAN

Joyeux Noël!
Ah, enfin! On a une surprise pour toi.
Youpi! C'est quoi?
Assieds-toi. On fait un peu de déco d'abord?
Le premier qui finit son cœur!
O.K!
Prem's!

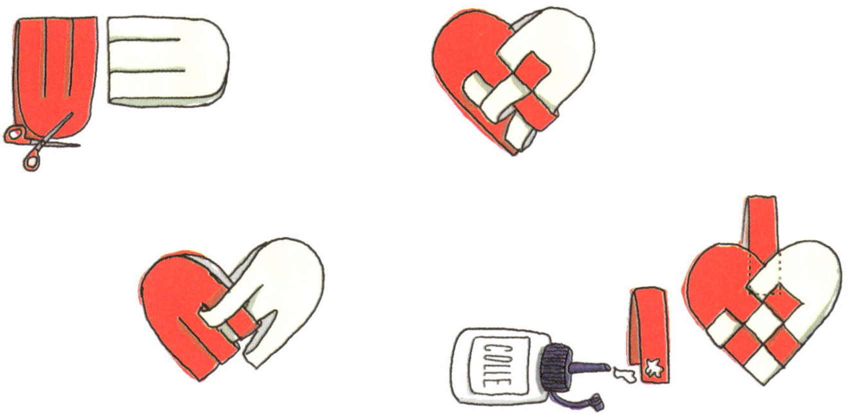
COLLE

C'est quoi ce bruit ?
On se le demande !
GRATTE GRATTE
C'est quoi ? Allez, dites-moi !
Ouvre et regarde.
GRATTE GRATTE
Oh ! Merci !!! Pile ce que je voulais !
Il est mignon !
Je sais, ma chérie. C'est aussi de la part de Joakim.

Merciiiii !
Elle s'appellera Pilou.
Parfait pour un lapin.
J'ai un cadeau pour toi, maman.
Oh ! J'espérais bien...
C'est moi qui l'ai fait.
Les cadeaux maison sont les plus beaux.
C'est la plus jolie sculpture que j'aie jamais vue. Je savais que tu étais une artiste !
L'art, c'est tout moi, maman.
Merci, ma grande fille.

Et papa, il voudrait quoi ?
Euh... Je ne sais pas trop.
Tu crois qu'il aimerait un cadeau fait maison ?
Tous les parents aiment les cadeaux faits par leurs enfants.
Même le père d'une fille qu'il n'a jamais vue ?
J'en suis certaine, Mira.
J'ai une photo de lui. Elle est aussi vieille que toi, mais je me suis dit que ça te ferait plaisir.

Il a l'air sympa. Je le verrai peut-être un jour?
Oui, peut-être.
Et je lui offrirai une de mes créations.
Bonne idée, mon chou.

♫ Vive le vent, vive le vent, vive le vent d'hiver, qui s'en va sifflant soufflant, dans les grands sapins verts ♫...
MIRA et MAMAN

RÉVEILLON DU NOUVEL AN

Get up on the dancefloor Get up on the dance floor
Pull on to my bumper baby in your long black limousine
Pourquoi les adultes dansent toujours les bras en l'air?
Oh, il est beau!
Ouah, et celui-là!

On fait nuit blanche !
Vous êtes mes meilleurs amis. Les amis, c'est comme une gaufre à la glace : ensemble, c'est encore mieux ! Nous, on est une gaufre à deux boules.
Je suis la glace à la fraise.
Et moi, la vanille.

Cher journal,
Qu'est-ce que c'était déjà, mes vœux, l'année dernière ? Tomber amoureuse, un truc comme ça. Je ne crois pas que je sois prête. Ça viendra un jour. Pour l'instant, je suis juste contente d'avoir un meilleur copain et une meilleure copine. La suite, on verra bien.
Mira
MANGA LOVE
2+1
G POWER YEAR
IOU
BFF
fin
Lemire + Bregnhøi